よくわかる

韓国語能力試験

TOPIK II

読解 問題集

別冊 模擬試験

제1회
실전모의고사

TOPIK II
(중·고급)

읽기
(Reading)

수험번호(Registration No.)		
이름 (Name)	한국어(Korean)	
	영 어(English)	

유의사항

Information

1. 시험 시작 지시가 있을 때까지 문제를 풀지 마십시오.

   Do not open the booklet until you are allowed to start.

2. 접수번호와 이름은 정확하게 적어 주십시오.

   Write your name and registration number on the answer sheet.

3. 답안지를 구기거나 훼손하지 마십시오.

   Do not fold the answer sheet; keep it clean.

4. 답안지의 이름, 접수번호 및 정답의 기입은 컴퓨터용 펜을 사용하여 주십시오.

   Use the optical mark reader(OMR) pen only.

5. 정답은 답안지에 정확하게 표시하여 주십시오.

   Mark your answer accurately and clearly on the answer sheet.

   marking example

6. 문제를 읽을 때에는 소리가 나지 않도록 하십시오.

   Keep quiet while answering the questions.

7. 질문이 있을 때에는 손을 들고 감독관이 올 때까지 기다려 주십시오.

   When you have any questions, please raise your hand.

TOPIK Ⅱ 읽기 (1번 ~ 50번)

※ **[1-2] (　　) 에 들어갈 가장 알맞은 것을 고르십시오. (각 2점)**

1. 엄마가 눈앞에 (　　) 아기는 울기 시작했다.
   ① 안 보이니까　　　　　　② 안 보이거나
   ③ 안 보이거든　　　　　　④ 안 보이려고

2. 동생은 공부는 (　　) 운동은 잘한다.
   ① 못해야　　　　　　　　② 못해도
   ③ 못하다가　　　　　　　④ 못하든지

※ **[3-4] 다음 밑줄 친 부분과 의미가 비슷한 것을 고르십시오. (각 2점)**

3. 지난달에는 회사에서 성과를 <u>올리고자</u> 날마다 야근을 했다.
   ① 올리기 무섭게　　　　　② 올리는 반면에
   ③ 올리기 위해서　　　　　④ 올리는 대신에

4. 학생들이 잘 볼 수 있게 칠판에 글자를 크게 썼다.
   ① 잘 볼 수 있는지　　　　② 잘 볼 수 있도록
   ③ 잘 볼 수 있더니　　　　④ 잘 볼 수 있느라

※ **[5-8] 다음은 무엇에 대한 글인지 고르십시오. (각 2점)**

5.

피부에 닿는 순간 느껴지는 푹신함!
빠른 건조와 흡수력으로 샤워 후에도 쾌적하게

① 신발　　　② 이불　　　③ 수건　　　④ 침대

6.

겨울 내내 입은 코트, 아직도 그대로인가요?
저희에게 맡기고 내년에도 깨끗하게 입으세요!

① 병원　　　② 식당　　　③ 편의점　　　④ 세탁소

7.

건강한 산, 푸른 산
작은 실천이 우리의 산을 아름답게 합니다.

① 자연 보호　　② 건강 관리　　③ 화재 예방　　④ 날씨 안내

8.

1. 마감 기한: 2025년 4월 21일(수) 18:00 까지
2. 제출 서류: 이력서, 자기소개서
   * 관련 서류는 이메일로 보내십시오.

① 이용 안내　　② 주의 사항　　③ 사용 순서　　④ 접수 방법

※ [9-12] 다음 글 또는 그래프의 내용과 같은 것을 고르십시오. (각 2점)

9.

2022 대학생 창업 동아리 지원 사업
- **신청 대상:** 대학생 10명 이상의 동아리
- **신청 기간:** 2021년 12월 15일~12월 31일
- **지원 금액:** 최대 500만 원
- **사업 기간:** 2022년 1월 1일~6월 30일

① 동아리 활동비는 500만 원 이상 받을 수 없다.
② 2022년 1월부터 동아리 지원 사업에 신청할 수 있다.
③ 선정된 창업 동아리는 6개월 동안 지원을 받을 수 있다.
④ 동아리 회원이 9명으로 이루어진 동아리라도 신청할 수 있다.

10.

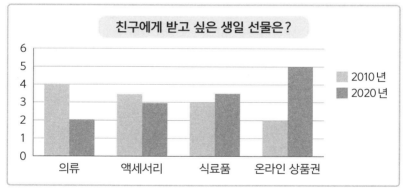

① 의류를 받고 싶어 하는 사람들이 2010년보다 늘었다.
② 2020년에는 생일 선물로 의류보다 식료품을 더 받고 싶어 한다.
③ 두 해 모두 생일 선물로 온라인 상품권을 가장 많이 받고 싶어 한다.
④ 2010년에는 액세서리보다 온라인 상품권이 생일 선물로 인기가 많다.

11.

> 커피를 섭취할 때 주의해야 할 점이 있다. 숙면을 취하지 못하는 사람들의 경우 오후 3시 이전에 커피 섭취를 끝내는 것이 좋다. 왜냐하면 피의 카페인 성분이 몸속에서 사라지는 시간이 8시간 정도 걸리기 때문이다. 그러므로 오후 3시 이전에 커피 섭취를 끝내면 밤 11시 ~12시에 잠들기가 수월해진다. 커피의 장점보다 단점이 몸에 더 큰 영향을 미칠 경우에는 커피를 마시지 않는 게 좋다.

① 커피의 단점과 관계없이 커피를 마시는 것은 건강에 도움이 된다.
② 잠을 잘 자는 사람들의 경우 오후 3시 이전에 커피를 마셔야 한다.
③ 커피를 오후 3시 이후에 마시면 밤 11시 ~12시에 쉽게 잠들 수 있다.
④ 커피 섭취 후 8시간 정도 후에는 카페인 성분이 몸속에서 사라진다.

12.

> 밥을 먹었는데도 돌아서자마자 또 뭔가가 먹고 싶을 때가 있다. 이러한 현상은 스트레스와 지루함과 관련이 있다. 우리는 스트레스를 받으면 스트레스가 해소될 때까지 계속 먹을 것을 찾는다. 심심하거나 지루할 때도 마찬가지로 이러한 현상이 나타난다. 미국에서 500명 이상의 학생들을 대상으로 연구한 결과, 지루함을 못 견디는 사람일수록 과식하기 쉽다는 사실을 발견했다. 밥을 먹었는데 배가 고플 때는 정말 배가 고픈 건지, 아니면 그저 뭔가 할 일이 필요한 건지 한 번 더 생각해 볼 필요가 있다.

① 심심하거나 지루할 때는 식욕이 떨어진다.
② 계속 배가 고픈 이유는 스트레스와 관계가 없다.
③ 미국에서 직장인을 대상으로 지루함과 과식의 관계를 연구했다.
④ 지루함을 못 견디는 사람들은 밥을 많이 먹는다는 연구 결과가 나왔다.

※ **[13-15] 다음을 순서대로 맞게 배열한 것을 고르십시오. (각 2점)**

13.

> (가) 인삼을 찌고 말리는 과정을 반복하면 홍삼이 만들어진다.
> (나) 그러나 두통, 어지러움, 고혈압 등의 부작용이 나타날 수 있다.
> (다) 손쉽게 접할 수 있는 건강기능식품인 홍삼은 쉽게 말해 인삼을 찐 것이다.
> (라) 이러한 홍삼은 피로 회복에 도움을 주고 면역력을 올려주며 노화 방지 효과도 있다.

① (가)-(나)-(다)-(라) ② (가)-(라)-(다)-(나)
③ (다)-(가)-(라)-(나) ④ (다)-(나)-(가)-(라)

14.

> (가) 외국인들에게 한국어를 가르치는 일은 참 행복한 일이다.
> (나) 이렇게 행복을 느낄 때도 있지만 어렵고 힘든 순간들도 많다.
> (다) 하지만 힘든 순간들이 금세 잊힐 만큼 한국어를 가르칠 때 큰 보람을 느낀다.
> (라) 다양한 국적의 학생들과 소통하며 한국의 언어, 문화를 널리 알릴 수 있기 때문이다.

① (가)-(다)-(라)-(나) ② (가)-(나)-(다)-(라)
③ (나)-(가)-(라)-(다) ④ (나)-(다)-(가)-(라)

15.

> (가) 이 도로는 청계천 구간을 한 바퀴 돌 수 있도록 조성됐다.
>
> (나) 서울시는 청계광장에서 고산자교를 잇는 '청계천 자전거 전용 도로'를 개통했다.
>
> (다) 이처럼 서울시는 자전거 도로 개통을 통해 탄소 배출을 줄이는 방안을 추진 중이다.
>
> (라) 이를 위해 2030년까지 단계적으로 자전거 도로를 1330km까지 확장하겠다는 목표다.

① (나)-(가)-(다)-(라)   ② (나)-(라)-(가)-(다)

③ (라)-(나)-(다)-(가)   ④ (라)-(가)-(나)-(다)

※ [16-18] 다음을 읽고 (   )에 들어갈 내용으로 가장 알맞은 것을 고르십시오. (각 2점)

16.

> 최근 플라스틱류의 분리 수거가 한층 더 엄격해졌다. 특히 패트병은 다른 플라스틱과 함께 배출하지 않고 따로 모아 배출해야 하며 이를 어겼을 경우 벌금형에 처해질 것으로 보인다. 패트병을 둘러 싸고 있는 비닐 포장지를 제대로 벗기지 않고 분리 수거 하는 경우 결국 (   ) 경우가 많아 이와 같은 대책안이 제시되었다.

① 보관이 생각보다 어려운

② 다시 사용할 양이 너무 많은

③ 쓰레기 수거 업체의 수거가 쉬워지는

④ 재활용되는 자원으로 사용하지 못하는

17.

다른 사람과 대화를 할 때 나도 모르게 고개를 끄덕이거나, 별 뜻은 없지만 상대의 말을 듣고 있다는 뜻으로 '아아, 맞아요, 네, 그렇군요' 와 같은 말을 할 때가 있다. 언어권 별로 이와 같은 맞장구의 텀이 다르게 나타나는데 영어권에 비해 한국어를 사용하는 화자들은 상대적으로 텀이 매우 긴 것으로 밝혀졌다. 따라서 영어권 화자와 대화할 때, 한국인과 이야기를 나눌 때처럼 텀을 길게 하면 상대방은 자신의 이야기를 (   ) 의문을 가질 수도 있다.

① 듣고 요약할 수 있을지
② 제대로 듣고 있는 것인지
③ 꼼꼼하게 분석하고 있는지
④ 다른 사람에게 잘 전달할지

18.

자신만의 에코백을 가방 속에 넣고 다니는 사람들이 늘고 있다. 물건을 사고 받는 비닐봉투의 사용을 줄이고자 시작된 에코백 운동은 처음에는 일부 주부들을 (   ) 이제는 누구나가 참여하는 국민 운동이 되었다. 이제 에코백은 남녀노소를 가리지 않고 마트나 슈퍼뿐만 아니라 서점이나 대형 쇼핑몰 등 다양한 장소에서 쓰이고 있다.

① 대상으로 실험했지만
② 중점으로 확산되었지만
③ 끌어들이기 위해 마련됐지만
④ 제외하고 다수가 함께 참여했지만

영양가가 높은 성게는 다양한 이름으로 불린다. 먼저 밤톨같이 가시를 두르고 있는 것이 특징이어서 순우리말로 '밤송이 조개'라고 불린다. (   ) 성게는 철분과 칼륨이 많아서 빈혈과 고혈압 예방에 효과가 있고 오메가-3 지방산이 풍부해 심혈관 질환 예방에도 도움이 되기 때문에 '바다의 호르몬'이라는 별명도 생겼다.

19. (   )에 들어갈 알맞은 것을 고르십시오.
   ① 만약   ② 또한   ③ 과연   ④ 역시

20. 위 글의 내용과 같은 것을 고르십시오.
   ① 성게는 가시가 없는 매끈한 형태이다.
   ② 빈혈이 있는 사람은 성게를 먹으면 안 된다.
   ③ 성게는 철분과 칼륨이 풍부한 보양식품이다.
   ④ 성게는 오메가-3 지방산이 많아서 심혈관 질환이 생길 수 있다.

※ **[21~22] 다음을 읽고 물음에 답하십시오. (각 2점)**

성공한 축산인으로 평가받고 있는 이 대표는 경북 군위에서 10마리도 안 되는 소를 사육하기 시작해 어느덧 400마리 규모의 농장을 일궈냈다. 그가 이렇게 안정적인 성장을 이뤄낼 수 있었던 비결은 소들에 대한 세심한 관찰이다. 그리고 농장의 규모를 확대하면서 소를 관리하는 것에 대해서 집중도를 놓지 않기 위해 아내와 아들, 이 대표가 각각 분업과 협력을 통해 함께 운영한다. 가족 구성원들이 각자의 역할을 유기적으로 맡아 (   ) 농장이 확대되었음에도 비교적 빠르게 안정을 찾을 수 있었다.

---

21. (   )에 들어갈 알맞은 것을 고르십시오.
    ① 손이 커서　　　　　　② 발이 넓어서
    ③ 손발을 맞춰서　　　　④ 귀를 기울여서

22. 위 글의 중심 생각을 고르십시오.
    ① 성공을 위해서는 특별한 비결이 필요하다.
    ② 가족들의 도움보다 개인의 노력이 더 중요하다.
    ③ 성장을 위해서는 사업의 규모를 확대해야 한다.
    ④ 성공하려면 개인의 많은 노력과 주위 사람들의 협력이 필요하다.

읽기 (読解)

　　건축 사무소에 근무한 지도 어언 7년이 지났다. 회사에 들어온지 2년 쯤 됐을 때인가. 그때 저지른 나의 실수담은 회사 내에서 일종의 전설처럼 아직도 회자되고 있다. 한 자치구에서 주민들을 위한 다목적 공간을 조성하고자 했으며, 공모전을 열어 이 건물의 디자인과 주변 조경을 담당하는 업체를 선정할 예정이었다. 우리 팀은 몇 개월 동안 밤을 새워 포트폴리오를 준비했고 나는 팀원들의 결실을 공모전 접수처까지 가져가는 중대한 임무를 맡았다.

　　오랜만에 KTX를 타니 기분도 좋고 출장이라기보다는 바람 쐬러 간 것처럼 상쾌함마저 느껴졌다. 그냥 지나치기가 아쉬워 접수처가 있는 지역에서 유명한 카페에 들러 커피도 샀다. 들뜬 마음에 콧노래를 부르며 한 손에는 커피를 들고 공모전 접수처로 거의 들어섰을 때쯤, 큰 상자를 옮기던 사람들과 부딪쳐 소중한 포트폴리오 자료들과 접수 신청서, 그리고 내 커피가 함께 바닥으로 내동댕이쳐졌다. 정신을 차리고 보니 커피로 갈색물이 든 서류가 눈에 들어왔다. <u>나는 심장이 무너져 내리는 듯한 싸늘함과 동시에 할 말을 잃었다. 아무것도 할 수 없었다.</u> 시멘트 바닥에 넘어져 팔꿈치가 까져 피가 나고 있었지만 고통을 느끼는 것은 사치였다. 나는 이제 어쩌면 좋은가. 몇 개월간 밤을 새워 일해 온 동료들에게 뭐라고 말해야 할까. 이대로 사직서를 내야 하는 것일까. 나는 그대로 털썩 주저앉은 채 일어설 수 없었다.

23. 밑줄 친 부분에 나타난 '나'의 심정으로 알맞은 것을 고르십시오.
　　① 불만스럽다　　② 실망스럽다　　③ 짜증스럽다　　④ 절망스럽다

24. 위 글의 내용과 같은 것을 고르십시오.
　　① 이 사람은 회사에 다닌지 2년 정도 되었다.
　　② 이 사람은 실수를 자주 저질러 회사에서 전설이 되었다.
　　③ 이 사람은 포트폴리오를 만들기 위해 KTX를 타고 출장을 갔다.
　　④ 회사 동료들과 함께 포트폴리오를 만들기 위해 몇 개월간 고생했다.

※ **[25-27] 다음 신문 기사의 제목을 가장 잘 설명한 것을 고르십시오.
(각 2점)**

25.
> 못난 채소도 괜찮아, 하자 제품 가격 인하 판매로 구매 상승도 '껑충'

① 하자가 있는 채소의 판매를 규제하여 정상 제품 판매가 늘었다.
② 하자가 없는 채소와 하자가 있는 채소를 함께 판 결과 판매가 대폭 늘었다.
③ 외관이 보기 안 좋은 채소의 구매를 희망하는 사람들에게 대량으로 판매하였다.
④ 외관이 보기 안 좋은 채소의 가격을 크게 낮춰 판매한 결과 구매자가 크게 늘었다.

26.
> 예년보다 길어진 맑은 가을 날씨, 미소 짓는 여행 업계

① 맑은 가을 날씨가 이어져 우울감이 해소된 사람들이 늘었다.
② 무더위가 평년보다 길어져 가을 여행을 포기하는 사람들이 많아졌다.
③ 일반적인 평균 가을 날씨보다 맑은 날이 이어져 여행 업계가 호황을 맞았다.
④ 내년 가을 날씨가 매우 맑을 것으로 예상되어 미리 여행 계획을 짜는 사람들이 늘었다.

27.
> 끝끝내 약물 투여 부인, 침묵 깬 올림픽 금메달 리스트에게 남은 싸늘한 시선

① 적절하지 않은 약을 환자에게 복용시킨 의료인이 비판을 받았다.
② 끝까지 약을 먹지 않았다고 주장한 운동선수에게 부정적인 여론이 남았다.
③ 금메달 리스트들의 만연한 약물 투여에 올림픽 개최를 반대하는 움직임이 일어났다.
④ 올림픽 위원회는 적절하지 않은 약을 선수들에게 허용하지 않았다고 강하게 주장했다.

28.

> 할 일을 계속 미루고 마감 기한이 코앞에 와서야 일을 한꺼번에 몰아
> 서 하는 사람들은 게으른 것이 아니라 (   ) 경우가 많다. 그래서 어설
> 픈 결과물이 나올 바에야 일을 하지 않고 준비가 될 때까지 미루는 것이
> 다. 이와 같은 불안감을 호소하는 사람들은 10분 단위, 30분 단위로 짧
> 게 끊어 완성도와 상관없이 일단 일을 시작해보는 연습을 반복하는 것
> 이 중요하다. 꼭 좋은 결과로 이어지지 않더라도 일을 하고 있다는 데
> 에 의의를 두는 훈련을 함으로써 완성도에 대한 집착을 떨쳐낼 수 있다.

① 타인의 지시를 싫어하는
② 자신에 대한 자신감이 부족한
③ 모든 일이 완벽하기를 바라는
④ 타고나길 모든 일에 무관심한

29.

> 국립 언어 사용 연구소에서는 무분별한 외래어 사용을 지양하고자
> 우리말로 바꿀 수 있는 표현들을 찾아 새말을 만들고 (   ) 힘을 쓰고
> 있다. 이러한 우리말 다듬기 운동의 가장 성공적인 사례 중 하나가 '댓
> 글'이다. '댓글'은 영어 '리플(reply)'을 우리말로 바꾼 것으로 요즘에
> 는 리플보다 더 많이 사용되고 있으며 대댓글, 비밀 댓글, 댓글 보기와
> 같이 다양하게 응용되어 온전히 일상언어로 자리 잡았다. 수많은 외
> 래어 다듬기를 시도함에 따라 실패하는 경우도 있고, 성공하는 경우
> 도 있으나 국립 언어 사용 연구소는 아름다운 우리말 지킴이로서의 몫
> 을 성실히 해내고 있다.

① 이를 보급하는 데
② 옛말을 없애는 데
③ 국어 사전에 올리고자
④ 국외에 널리 알리고자

30.

마그네슘을 2주 이상 복용할 경우 우울감이 감소하는 것으로 나타났다. 최근 연구에 따르면 20세 이상 60세 이하 성인 200명을 대상으로 조사한 결과, 일일 적정 복용량에 맞춰 마그네슘을 꾸준히 먹은 그룹과 그렇지 않은 그룹 간의 우울감의 차이가 크게 차이가 나는 것으로 밝혀졌다. 이는 마그네슘이 우울증과 연관이 있는 (   ) 나타나는 효과로 볼 수 있다. 마그네슘을 복용한 그룹의 60%는 체내에서 심신 안정에 부정적인 영향을 미치는 요소가 줄어들며 우울감뿐만 아니라 불안함, 스트레스 등이 개선되었다고 하였다.

① 세포를 연구함으로써
② 항체를 검사함으로써
③ 호르몬을 감소시킴으로써
④ 스트레스를 증폭시킴으로써

31.

누구나 보관용 지퍼백에 넣어둔 채소가 지퍼백 속에 고인 습기로 인해 빨리 상해서 버려야 했던 경험이 있을 것이다. 이를 막고자 농가에서 포도를 포장하는 용도로 쓰이는 일명 '포도봉투'를 지퍼백 대신 채소 보관 용기로 쓰는 사람들이 늘고 있다. 이 포도봉투는 한 면이 한지로, 다른 면은 비닐로 되어있으며 이 비닐에는 (   ) 습기 차는 것을 막아주고 통기성이 좋아 채소가 쉽게 상하지 않는다고 한다.

① 단열 효과가 있어
② 미세한 구멍이 있어
③ 채소에 좋은 영양분이 있어
④ 해충을 막는 약이 묻어 있어

※ **[32-34] 다음을 읽고 내용이 같은 것을 고르십시오. (각 2점)**

32.

> 다산 정약용은 농촌 사회의 모순에 관심을 두고 정치 개혁과 사회 개혁에 대해 체계적으로 연구한 조선 후기 실학자이다. 〈경세유표〉, 〈목민심서〉 등을 통해 실현 가능한 구체적인 방안을 제시했으며 다양한 분야에서 두각을 나타낸 천재적인 학자이다. 정치, 사회뿐만 아니라 자연 과학에도 관심을 기울여서 홍역과 천연두의 치료법에 관한 책을 내기도 했다. 또한 도량형과 화폐의 통일을 제안했으며 건축 기술인 거중기를 고안하기도 했다.

① 정약용은 도량형과 화폐의 통일을 반대했다.
② 정약용은 정치, 사회 개혁에만 관심을 둔 실학자이다.
③ 정약용은 다양한 분야의 연구 활동을 통해 성과를 거두었다.
④ 〈경세유표〉, 〈목민심서〉에 농업 기술이 구체적으로 제시된다.

33.

> 퇴직금 지급은 아르바이트나 비정규직에 상관없이 모든 사업장에 해당된다. 또한 5인 미만의 사업장도 지급하는 것이 원칙이다. 근속 기간의 경우 무조건 1년 이상인 주당 15시간 이상 근무한 근로자만 퇴직금을 신청할 수 있다. 그리고 비정규직이었다가 나중에 정규직으로 전환되었어도 모든 날이 근로일에 해당한다. 지급 기한은 퇴사한 날로부터 2주 이내에 지급하는 것이 원칙이다. 다만 사업주와 근로자 간 합의로 연장할 수 있다.

① 퇴직금은 정규직으로 근무한 사람만 받을 수 있다.
② 4명이 근무하는 사업장은 퇴직금을 지급하지 않아도 된다.
③ 처음부터 정규직으로 근무했던 근로자만 퇴직금을 받을 수 있다.
④ 사업주와 근로자가 서로 합의하면 퇴직금을 2주 후에 지급해도 된다.

34.

　　십장생은 해, 산, 물, 돌, 소나무, 달 또는 구름, 거북, 학, 사슴, 불로초를 말하며 여기에 대나무를 포함하는 경우도 있다. 이것들은 늙지 않고 오래 사는 불로장생을 뜻하는 사물들이며 신선 사상에서 유래되었다. 열 개의 사물들은 지역, 사람, 분류 기준에 따라 몇 가지가 제외되거나 추가되기도 한다. 사람들은 옛날부터 십장생을 바라보거나 작품에 그리거나 새기면서 장생을 소망하였다. 병풍에도 산수화와 더불어 주요한 소재로 널리 쓰였고, 사찰의 담벽이나 내부의 벽면에서도 흔히 발견된다.

① 십장생에 대나무가 꼭 포함되어야 한다.
② 사찰에서 십장생을 소재로 한 그림을 보기 어렵다.
③ 사람들은 십장생을 보면서 오래 사는 것을 소망했다.
④ 십장생은 어느 지역에서나 동일한 열 개의 사물을 말한다.

※ **[35-38] 다음 글의 주제로 가장 알맞은 것을 고르십시오. (각 2점)**

35.

　　최근 폴더폰 개통을 희망하는 사람들이 다시금 늘고 있다. 스마트폰의 발달과 동시에 다양한 SNS가 등장하였고 소통의 원활함은 편리함을 주었지만 때로는 공과 사의 구분을 방해하는 가장 큰 원인이 되었다. 이에 사내 메신저를 제외하고 업무 연락은 문자 또는 전화로만 받기를 희망하여 업무용 폴더폰을 개통하고자 하는 사람들이 늘고 있다. 소통의 원활함이 무엇보다 중요한 시대에 살고 있지만 때와 장소를 막론하고 쏟아지는 연락은 개인의 에너지를 갉아먹고 있다. 아날로그의 부활은 단순히 폴더폰의 재인기를 넘어 적절한 상호간 거리감을 무시하는 이들에게 경종을 울리는 하나의 신호로 볼 수 있다.

① 과도한 스마트폰 사용으로 인한 스트레스를 분출해야 한다.
② 근무 시간 외 업무 지시에 대한 강력한 규제가 이루어져야 한다.
③ 폴더폰의 인기를 통해 스마트폰의 한계점을 인지하고 발전시켜야 한다.
④ 공과 사를 나누는 사회적인 거리감에 대한 중요성을 간과해서는 안 된다.

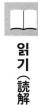

36.

　공개 채용의 감소와 상시 채용의 증가로 취업 시장에서 언제나 '을'일 수 밖에 없는 취업 준비생들이 더 큰 고통을 떠안게 되었다. 경제 침체로 인해 막대한 비용을 지불하고 공개 채용을 시행하는 대신 그때그때 필요한 인력만을 뽑으려는 기업들이 늘고 있다. 따라서 올해 취업 시장에서는 스펙 쌓기에만 열을 올릴 것이 아니라 질 높은 정보력을 갖춰야만 승산이 있을 것으로 보인다. 향후 취업 준비생들은 평소 취업을 희망하는 업종의 구인 정보에 상시 관심을 가지고, 관심 분야가 아니더라도 유사 직종의 채용 현황 또한 지켜봐야 하는 이중고를 이겨내야 할 전망이다.

① 경제 침체를 극복하기 위해 상시 채용을 적극 활용해야 한다.
② 공개 채용을 다시 부활시켜 취업 준비생들의 부담을 덜어야 한다.
③ 채용 형태 전환에 따라 취업 준비생은 스펙 쌓기에 더욱 열중해야 한다.
④ 상시 채용의 특성에 맞춰 현재 이루어지는 채용 정보에 관심을 두어야 한다.

37.

　인터넷 쇼핑몰의 과대광고에 대한 규제가 강화될 예정이다. 특히 다이어트나 붓기 감소의 효과에 대해 허위 및 과대광고를 하는 쇼핑몰들의 문제가 대두되면서 이에 대한 대응책이 마련될 것으로 보인다. 최근 SNS를 중심으로 광고법에 위반되는 허위광고를 지속적으로 개재하여 다이어트 식품을 홍보해 막대한 수입을 올렸을 뿐만 아니라, 구매자들의 부작용에 대해서도 모른 체하고 판매를 지속한 업체들이 급증하여 사회적인 문제가 되었다. 따라서 식품에 대한 광고를 매우 엄격히 규제함으로써 전문성이 결여된 판매자들에게 소비자가 기만당하지 않도록 법적 장치 조성에 더욱 힘써야 할 것이다.

① 과도한 다이어트를 부추기는 광고계를 지탄해야 한다.
② 다이어트 식품에 대한 부작용을 간과하는 일이 없어야 한다.
③ 인터넷 상의 허위 광고 및 과대광고에 대한 규제가 시급하다.
④ 온라인 쇼핑몰의 허위 광고에 소비자가 예민하게 반응해야 한다.

38.

아날로그는 과연 낡고 쓸모없는 것인가. 요즘 초등학교에서는 숫자로 표시되는 전자시계가 아니면 시계의 시침, 분침, 초침을 읽지 못하는 학생들이 늘고 있다고 한다. 일각에서는 시대의 흐름이라는 의견도 있지만 이대로 괜찮은 것인가 우려를 표하는 입장도 보인다. 스마트폰이 지시해 주지 않으면 길을 못 찾는 어른들, 숫자 표시가 아니면 몇 시 몇 분인지도 알지 못하는 아이들. 아무리 문명의 이기를 누리는 현대 사회라지만 기계의 도움에 모든 것을 의존할 수는 없다. 기계가 없더라도 기존의 방식으로 많은 문제를 해결할 수 있다는 중요한 사실이 점점 잊혀지고 있다.

① 어른 아이를 막론하고 스마트폰 의존도가 나날이 높아지고 있다.

② 전자시계를 못 읽는 아이들을 위한 적절한 교육이 시행되어야 한다.

③ 현대 사회에서 새로운 능력으로 급부상하고 있는 것은 기계 사용의 능숙도이다.

④ 기계에만 의존하여 기본적인 문제조차 혼자 해결하지 못하는 생활은 지양해야 한다.

읽기 (読解)

39.

온돌은 열기로 방바닥에 놓인 돌판을 덥혀서 난방하는 방식을 말한다. (㉠) 서양에서는 불 옆을 사용하여 가장 뜨거운 불 윗부분의 열기는 굴뚝으로 내보낸다. (㉡) 이러한 서양식 난방법은 열기의 측면 일부만을 이용하므로 비효율적이다. (㉢) 반대로 한국에서는 연기와 불을 나누어 방에 연기를 발생시키는 것이 아니라 불을 뉘어서 사용하기 때문에 서양의 벽난로처럼 불을 세워서 사용하지 않는다. (㉣) 한국의 온돌 문화는 고유성과 과학성, 문화적 가치를 인정받아서 2018년 5월 국가무형문화재로 지정되었다.

──────〔보기〕──────
이처럼 한국의 온돌은 효율적인 난방 방식이다.

① ㉠   ② ㉡   ③ ㉢   ④ ㉣

40.

지구 온난화는 지구 표면의 평균 기온이 상승하는 현상이다. (㉠) 최근 100년간 그동안 적절하게 유지되었던 지구의 기온이 급격하게 상승하고 있다. (㉡) 산업이 발전하면서 석유, 석탄 같은 화석 연료의 사용량이 크게 늘어 온실 기체의 배출이 증가하였다. (㉢) 게다가 농업 생산량을 늘리기 위해 숲이 파괴되면서 온실 효과가 강화되고 있다. (㉣) 국제 사회는 지구 온난화에 따른 기후 변화에 대응하기 위하여 '교토 의정서' 등을 채택하였다.

──────〔보기〕──────
이러한 지구 온난화의 원인은 온실 기체 배출 증가에 있다는 의견이 가장 많다.

① ㉠   ② ㉡   ③ ㉢   ④ ㉣

41.

소설가 이정원은 이번에 다섯 번째 소설집 『꿈꾸는 시간들』을 펴냈다. (㉠) 특별한 것 없는 직업과 평범한 이름을 가졌지만, 어느 날 특별한 일상을 살아가게 된 청년들의 이야기이다. (㉡) 기발한 상상력과 따뜻한 이야기로 독자의 사랑을 받아 온 소설가 이정원은 이번 작품도 출간 전부터 많은 기대를 얻었다. (㉢) 최근에 이 작가는 문학성과 다양성, 참신성으로 「올해의 젊은 작가」로 선정되기도 하였다. (㉣)

보기

청년들의 일상은 다섯 편의 단편에 각각 담겨 있다.

① ㉠　　　　② ㉡　　　　③ ㉢　　　　④ ㉣

읽기 (読解)

　　혼자서는 일어서지도 앉지도, 밥을 먹지도 못하던 아기가 어엿한 성인이 될 때까지 애지중지 키워주신 부모님. 이제 머리 좀 컸다고 내가 잘나서 혼자 스스로 자란 줄 아는 못난 자식이지만 마흔이 다 된 몸이라도 하나밖에 없는 딸이라고 부모님께서는 아직도 나를 6살짜리를 대하듯 걱정하실 때가 있다. 어디 아픈 데는 없냐, 애들 것만 챙기지 말고 네 밥도 잘 챙겨 먹어라. 늘 자식 걱정뿐이시다.

　　하루는 두 분께서 남들 다 쓰는 스마트폰인지 뭔지 나도 한번 써보고 싶으시다며 같이 개통하러 가줄 수 있냐고 부탁을 하셨다. 아들을 학교 보내고 나서 부모님과 같이 점심도 먹고 핸드폰도 살 겸 시내에 나갔다. 부모님께서는 장난감을 처음 보는 어린아이들처럼 스마트폰을 요리조리 신기하게 쳐다보기도 하시고, 이걸로 영상통화니 뭐니 다 되는 거냐며 신통방통하다, 세상 좋아졌다는 말씀을 하시더니 결국 제일 싼 걸 쥐어드셨다. 사는 김에 좀 더 좋은 거 사시라니까 이걸로 충분하다며 나중에 문자 메시지 보내는 법도 좀 알려줄 수 있냐고 하시는데 내심 좀 귀찮았지만 오늘은 효도하는 날이겠거니 생각하고 셋이 함께 카페로 가 열심히 가르쳐드렸다.

　　한 30분쯤 지나서였을까. 내 목소리는 점점 높아지고 있었다.

　　"어머니, 아버지 잘 보세요. 아니~. 잘 보시래도. 그 버튼이 아니고!"

　　"이게… 이건가…?"

　　"여보 말시키지 마요. 나도 모르겠어."

　　"아휴 나도 더는 못 하겠네. 오늘은 여기까지만 하고 다음 주에 다시 해요!"

　　"그래 네가 오늘 고생했다."

　　나도 모르게 잔뜩 짜증을 내고 카페를 나왔다. 부모님은 그 길로 부모님 댁에 가셨고 나도 아이들 하교 시간이 돼서 서둘러 집에 왔다. 저녁 식사를 마치고 아침에 걸어둔 빨래를 개고 나니 어느덧 시계는 밤 10시를 향하고 있었다. 그때 휴대 전화 알림음과 함께 문자 메시지가 한 통 왔다.

　　알려줘서 고마워 -엄마아빠가-

　　<u>문자를 읽고 하염없이 눈물이 났다.</u> 이 못난 딸한테 뭐가 고맙다고. "앞으로 더 잘할게요. 사랑해요. 엄마아빠."라고 답장을 드렸다.

42. 밑줄 친 부분에 나타난 '나'의 심정으로 알맞은 것을 고르십시오.

① 따분하다 　　 ② 절박하다 　　 ③ 죄송스럽다 　　 ④ 사랑스럽다

43. 위 글의 내용과 같은 것을 고르십시오.

① 이 사람은 지금도 혼자 걷기가 어려워서 부모님께 도움을 받고 있다.

② 이 사람은 성인이 되었지만 부모님께서 아직도 이런저런 걱정을 하신다.

③ 이 사람의 부모님께서는 문화 센터에 가서 스마트폰 교육을 받고 오셨다.

④ 이 사람은 부모님께서 문자를 기다렸지만 너무 늦게 답장이 와서 걱정
했다.

※ **[44~45] 다음을 읽고 물음에 답하시오. (각 2점)**

컴퓨터, 스마트폰, 태블릿 보급과 함께 눈 건강에 관심을 갖는 사람들이 기하급수적으로 늘고 있다. 스크린 앞에 눈이 장시간 노출되어 젊은층임에도 불구하고 백내장이 빠른 속도로 진행되거나 안구 건조를 호소하는 등, 다양한 증세로 고통받는 이들이 급증하였다.

최근 연구를 통해 오이는 비타민 K의 섭취 및 체내 수분 증가에 기여할 뿐만 아니라 눈 건강을 지키는 데 큰 도움을 주는 것으로 나타났다. 흔히 눈의 건강을 돕는 데는 루테인, 제아잔틴, 항산화제 등의 성분이 작용한다. 루테인과 제아잔틴은 눈이 제 기능을 하기 위해 필요한 성분이자 카로티노이드이며, 이와 같은 영양소를 적절히 섭취하는 것이 건강한 눈을 지키는 가장 빠르고 안전한 방법이다. 오이는 이 두 카로티노이드를 하루 섭취량의 10%가량 함유하고 있으며, 이 성분들은 연령에 따라 일어나는 황반변성의 위험성을 낮추는 데도 매우 효과적이다.

또한 노화 세포로부터 신경 세포를 보호하고, 강력한 항산화제이자 염증 감소에 탁월한 피세틴이라는 성분이 오이에 다량 함유되어 노화에 따른 눈 건강의 (   ) 효능이 있다. 따라서 눈 건강이 염려된다면 하루 적정 섭취량을 준수하여 오이를 섭취함으로써 눈 건강을 지킬 수 있다. 그러나 무엇보다 눈 건강을 해치는 생활 습관 개선에 신경을 쓰고 오이도 섭취하며 상승 효과를 기대하는 것이 바람직하다.

44. 위 글을 쓴 주제로 알맞은 것을 고르십시오.
① 스마트폰, 태블릿, 컴퓨터 사용에 따른 부작용을 고지해야 한다.
② 비타민 K 섭취에 따른 눈 건강의 긍정적인 효과에 대한 연구가 확대되었다.
③ 오이를 다량 섭취하여 약품에 의존하지 않고 눈 건강을 지킬 수 있어야 한다.
④ 적절량의 오이 섭취와 더불어 생활 습관을 고침으로써 건강한 눈을 가질 수 있다.

45. ( )에 들어갈 내용으로 가장 알맞은 것을 고르십시오.

① 악화를 막는 데도
② 한계점을 파악하는
③ 체계가 구성될 수 있는
④ 항체가 형성될 수 있는

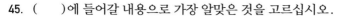

정년이 되어서 은퇴하게 되면 소득이 사라지거나 많이 감소하기 때문에 안정적인 노후 생활을 위한 대비가 필요하다. (㉠) 이를 위해 필요한 금융 상품이 연금이다. 연금에는 국가가 보장하는 국민 연금, 기업이 보장하는 퇴직 연금, 개인이 준비하는 개인 연금이 있다. (㉡) 국민 연금은 개인의 노후 생활에 필요한 최소한의 생활비를 보장해 주기 위해 국가적으로 시행하는 제도이며, 만 18세 이상 60세 미만인 자는 의무적으로 가입해야 하는 공적 연금이다. (㉢) 노후 생활을 대비한 저축 상품의 일종이며 증권 회사를 제외한 전 금융 회사에서 가입할 수 있다. (㉣) 퇴직 연금의 경우, 기업이 임직원의 노후 소득을 보장하기 위하여 재직 중에 퇴직 급여를 별도의 금융 회사에 적립하고 직원이 퇴직할 때 일시금 또는 연금 형태로 지급한다.

46. 위 글에서 〈보기〉의 글이 들어가기에 가장 알맞은 곳을 고르십시오.

보기

이에 비해 개인 연금은 개인의 희망에 따라 가입하는 사적 연금이다.

① ㉠   ② ㉡   ③ ㉢   ④ ㉣

47. 위 글의 내용과 같은 것을 고르십시오.
① 개인 연금은 의무적으로 가입해야 한다.
② 퇴직 연금은 기업에서 지급하는 형태의 연금이다.
③ 국민 연금을 원하지 않는 사람은 해지할 수 있다.
④ 정년이 되면 큰 소득을 얻기 때문에 노후를 준비할 필요가 없다.

평등법이란 성별, 장애, 연령, 출신 국가, 종교 등의 모든 요소를 막론하고 인간은 누구나 존중받아 마땅한 존재이며 이에 따라 누구든 내가 아닌 다른 이에게 차별을 받아서는 안된다는 것을 강력하게 주장하는 법안이다. 국가에 따라서는 차별금지법, 인권법, 민권법, 일반평등대우법 등의 다양한 표현으로 불리지만 모든 인간에게 동등한 권리와 존경을 표한다는 기본적인 취지는 동일하다.

더 구체적으로 살펴보면 평등법은 가족의 형태나 언어, 성적 정체성 또는 지향, 병력 등의 수많은 요소들을 차별의 근거로 두어서는 안된다고 표명한다. 일부 정치 집단들의 반대로 오랜 시간 제정이 미뤄졌으나 평등법에 대한 논의가 시작된 지 10년 만에 결실을 이루었다.

수위에 따라 다른 처벌이 내려질 수는 있으나 기본적으로 평등법에 위반되는 언행을 하였다고 하여 모든 경우가 처벌 대상이 되는 것은 아니다. 평등법은 처벌을 내리는 것이 궁극적인 목표가 아니라 사회 구성원의 인식을 고양하고 (   ) 더 동등하고 살기 좋은 사회를 꾸려가는 데 목적이 있다. 따라서 평등법은 각 사회 구성원의 가치를 인식하고 우리가 일삼는 수많은 언행 속에 어떠한 차별이 숨겨져 있는가를 지상으로 끌어올려 인식의 개선과 전환으로 이어질 수 있도록 하는 주춧돌이라 할 수 있다.

第1回模擬試驗

읽기 (読解)

48. 위 글을 쓴 목적으로 알맞은 것을 고르십시오.
   ① 평등법 발의의 의의를 설명하기 위해서
   ② 평등법을 다양한 실례들을 분석하기 위해서
   ③ 평등법의 한계점과 발전 가능성을 논하기 위해서
   ④ 평등법을 어겼을 시 내려지는 처벌을 구체화하기 위해서

49. (　　　)에 들어갈 내용으로 가장 알맞은 것을 고르십시오.

① 처벌을 강화함으로써

② 집단 의식을 높임으로써

③ 개개인의 가치 존중을 강조함으로써

④ 인종 차별 논란에 강하게 대응함으로써

50. 밑줄 친 부분에 나타난 필자의 태도로 알맞은 것을 고르십시오.

① 평등법 발의에 너무 오랜 시간이 걸린 것은 다소 시간 낭비이다.

② 평등법에 대한 부정적인 시각이 있었으나 결국 제정된 점을 긍정적으로 보고 있다.

③ 평등법 발의를 반대하던 집단에 더 강력하게 반발하지 못한 것에 대해 비판하고 있다.

④ 평등법에 반대하는 사람들의 의견을 모두 수렴하지 못한 것이 이번 발의의 한계점이다.

제2회
실전모의고사

TOPIK II
(중·고급)

읽기
(Reading)

수험번호(Registration No.)		
이름 (Name)	한국어(Korean)	
	영 어(English)	

유의사항
Information

1. 시험 시작 지시가 있을 때까지 문제를 풀지 마십시오.

   Do not open the booklet until you are allowed to start.

2. 접수번호와 이름은 정확하게 적어 주십시오.

   Write your name and registration number on the answer sheet.

3. 답안지를 구기거나 훼손하지 마십시오.

   Do not fold the answer sheet; keep it clean.

4. 답안지의 이름, 접수번호 및 정답의 기입은 컴퓨터용 펜을 사용하여 주십시오.

   Use the optical mark reader(OMR) pen only.

5. 정답은 답안지에 정확하게 표시하여 주십시오.

   Mark your answer accurately and clearly on the answer sheet.

   marking example ① ● ③ ④

6. 문제를 읽을 때에는 소리가 나지 않도록 하십시오.

   Keep quiet while answering the questions.

7. 질문이 있을 때에는 손을 들고 감독관이 올 때까지 기다려 주십시오.

   When you have any questions, please raise your hand.

TOPIK II 읽기 (1번 ~ 50번)

※ [1-2] ( )에 들어갈 가장 알맞은 것을 고르십시오. (각 2점)

1. 개발이 계속되면서 지구 온난화 현상은 ( ) 심해지고 있다.
   ① 갈수록 　　　　　　　　② 가도록
   ③ 가거든 　　　　　　　　④ 가거나

2. 내일 반 친구들과 함께 치킨을 ( ).
   ① 먹는 중이다 　　　　　　② 먹기로 했다
   ③ 먹는 편이다 　　　　　　④ 먹은 적이 있다

※ [3-4] 다음 밑줄 친 부분과 의미가 비슷한 것을 고르십시오. (각 2점)

3. 비가 많이 <u>오는 바람에</u> 경기가 취소됐다.
   ① 오는 김에 　　　　　　　② 오는 탓에
   ③ 오는 대신 　　　　　　　④ 오는 대로

4. 이번 시험의 성적은 <u>노력하기에 달려 있다.</u>
   ① 노력할 모양이다 　　　　② 노력할 따름이다
   ③ 노력하기 나름이다 　　　④ 노력하기 십상이다

5.

장시간 업무와 공부에도 끄떡없게 만드는 과학의 힘!
소중한 당신의 허리, 우리와 함께 지키세요.

① 의자　　　　② 조명　　　　③ 책상　　　　④ 침대

6.

1인 가구 맞춤형 채소와 과일 상품 등장!
24시간 배고플 때는 집 근처에서 찾는 나만의 즐거움!

① 식당　　　　② 편의점　　　　③ 백화점　　　　④ 세탁소

7.

파란불이 당신에게 인사할 때까지
아무도 없어도 양심을 지킵시다.

① 자연 보호　　　② 전기 절약　　　③ 건강 관리　　　④ 교통 안전

8.

- 하단의 작은 버튼을 뾰족한 것으로 눌러 초기화합니다.
- 화면에 숫자가 나타나면 상단에 있는 버튼을 길게 누릅니다.
- 오전·오후, 시간, 요일 순으로 맞게 설정한 후 10초간 기다립니다.
- 현재 시각에 맞게 설정된 것을 확인한 후 사용하십시오.

① 구입 문의　　　② 전기 절약　　　③ 사용 방법　　　④ 접수 방법

※ **[9−12] 다음 글 또는 그래프의 내용과 같은 것을 고르십시오. (각 2점)**

9.

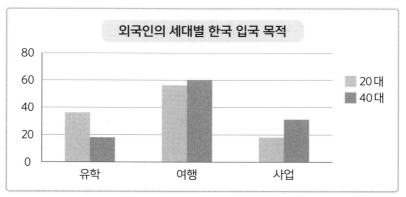

제5회 세계맥주축제

■ 기간 　2022년 7월 10일(토) ~ 7월 21일(수)
■ 장소 　중앙 공원 광장
■ 행사 내용　세계 맥주 무료 시음 및 다양한 체험 행사
■ 입장료 　2만 원

※체험을 원하시는 분은 축제 당일 현장에서 직접 신청하시기 바랍니다.

① 축제는 무료로 즐길 수 있다.
② 축제는 7월 한 달 동안 진행된다.
③ 체험을 원하는 사람은 미리 예약해야 한다.
④ 축제에서 세계 여러 나라의 맥주를 무료로 마셔 볼 수 있다.

10.

외국인의 세대별 한국 입국 목적

20대
40대

유학　　여행　　사업

① 20대는 유학을 목적으로 한국에 입국한 비율이 가장 높다.
② 20대와 40대 모두 사업을 목적으로 입국한 비율이 가장 낮다.
③ 여행보다 사업을 목적으로 한국에 입국한 40대 외국인들이 많다.
④ 여행을 목적으로 입국한 사람의 비율은 20대보다 40대가 더 많다.

11.

> 방 탈출 카페는 방에 갇힌 사람들이 여러 단서를 찾으며 추리해서 탈출하는 놀이 공간이다. 원래 미국이나 유럽 등지에서 이벤트 형식으로 열리던 것으로 비디오 게임 장르 중 탈출 게임을 현실로 재현한 것이다. 2010년대에 들어서 캐나다, 중국, 한국에서 인기를 끌었다. 한국에서는 2015년에 서울 홍대 및 강남을 중심으로 시작이 되어 현재 180개 이상의 매장이 운영 중이다. 탈출할 방의 구조는 한 개의 방일 수도 있고, 여러 개의 방이 이어질 수도 있으므로 단서를 위한 문제를 풀 때 적절한 시간 분배가 필요하다.

① 모든 방 탈출 카페는 한 개의 방만 탈출하면 된다.
② 방 탈출 카페는 컴퓨터로 비디오 게임을 하는 공간이다.
③ 2015년부터 한국에서 활발한 매장 운영이 이루어지고 있다.
④ 2010년대에 들어서 미국에서 방 탈출 카페가 인기를 끌었다.

12.

> 브로콜리는 다양한 영양소를 포함하고 있어서 건강을 잘 관리할 수 있다. 시력을 강화하고 신체를 해독할 수 있으며 혈압 조절에 도움이 된다. 게다가 조기 노화를 예방할 수 있으며 심장 건강을 향상시킬 수 있다. 이러한 브로콜리를 굽거나 튀겨서 먹지 말고 찜기에 쪄서 먹는 것이 가장 영양 성분을 보존하면서 효율적으로 먹을 수 있는 방법이다. 또한 브로콜리의 머리 끝부분만 먹는 것이 아닌 줄기 부분도 같이 섭취해야 모든 성분을 골고루 섭취할 수 있다.

① 브로콜리의 줄기 부분은 먹으면 안 된다.
② 브로콜리는 한 가지 영양소만 갖춘 채소이다.
③ 브로콜리는 심장이 약한 사람들에게 도움이 된다.
④ 브로콜리를 구워서 먹으면 영양 성분을 보존할 수 있다.

※ **[13-15] 다음을 순서대로 맞게 배열한 것을 고르십시오. (각 2점)**

13.

> (가) 최근 들어 캠핑을 하는 사람들이 늘고 있다.
> (나) 다른 취미 활동과 함께 할 수 있다는 장점이 있기 때문이다.
> (다) 게다가 이렇게 다양한 취미를 가족들과 함께 공유할 수 있는 이
>   상적인 활동이다.
> (라) 캠핑을 하러 가면 낚시, 등산, 여행도 할 수 있고, 직접 요리해서
>   식사도 할 수 있다.

① (가)-(나)-(라)-(다)　　② (가)-(다)-(나)-(라)
③ (라)-(가)-(나)-(다)　　④ (라)-(다)-(가)-(나)

14.

> (가) 문화마다 편안함을 느끼는 거리가 다르다.
> (나) 반면에 서양에서는 타인과 가까워지면 불편함을 느낀다.
> (다) 먼저 동양에서는 타인과의 가까운 거리를 통해 친밀감과 편안함
>   을 느낀다.
> (라) 이러한 차이는 갈등을 일으킬 수 있어서 서로 문화를 이해하려는
>   태도가 필요하다.

① (가)-(다)-(나)-(라)　　② (가)-(라)-(다)-(나)
③ (다)-(가)-(라)-(나)　　④ (다)-(나)-(가)-(라)

15.

(가) 회의 결과 이번 워크숍은 외국에서 하기로 의견을 모았다.

(나) 그러나 몇몇 총무부 직원들은 워크숍 비용 문제 때문에 반대했다.

(다) 회사 직원들이 오전에 워크숍 일정 및 장소에 대하여 회의를 열었다.

(라) 해외 워크숍을 진행하면 다른 프로젝트 예산에 문제가 생길 것이라고 봤기 때문이다.

① (가)-(나)-(다)-(라)　　② (가)-(다)-(라)-(나)
③ (다)-(가)-(나)-(라)　　④ (다)-(라)-(가)-(나)

※ [16-18] 다음을 읽고 (　　)에 들어갈 내용으로 가장 알맞은 것을 고르십시오. (각 2점)

16.

한 동물보호단체의 조사 결과에 따르면 최근에는 애완동물이라는 말 대신 반려동물이라는 표현을 선호하는 사람들이 급격히 늘어난 것으로 나타났다. 이들은 반려동물을 단순히 사람과 같이 사는 귀여운 '애완'의 대상으로 보지 않고 온전한 가족의 구성원으로 여긴다. 동물도 가족의 일원으로 품고자 하는 (　　) 현상이라 볼 수 있다.

① 문제점이 강조된

② 강박에서 비롯된

③ 인식의 전환으로 일어난

④ 사고방식의 퇴화로 야기된

17.

인간은 보통 3주 정도가 지나면 과거에 대한 기억이 미화되기 시작한다. 물론 사건의 심각성, 당사자의 심리 상태에 미친 영향에 따라 심한 경우에는 외상 후 스트레스나, 적응장애, 불안장애 등을 일으키는 경우도 있으나 일반적인 사건으로 한정하였을 경우 3주를 기점으로 (　　　) 부정적인 기억은 작아지고 긍정적인 기억이 더 확대되는 과정을 거쳐 기억 저장고에 남게 된다. 따라서 '시간이 약이다.'라는 말은 과학적인 근거가 있는 표현이다.

① 기억을 모두 삭제하여
② 당시의 기억을 재구성하여
③ 타인의 기억으로 대체되어
④ 기억의 시간적 흐름이 뒤섞여

18.

너무나도 분명하게 인지하고 있는 단어는 글자의 순서를 바꾸어 써도 원래 그 단어의 표기대로 읽게 된다. 예를 들어 '훈민정음'을 '훈정민음'이라고 쓰면 대개의 사람들은 틀렸다는 걸 알면서도 '훈민정음'이라고 읽거나 틀린 것조차 눈치채지 못하고 '훈민정음'이라 읽는다. 이는 뇌에 저장되어 (　　　) 어휘에 대한 인지가 잘못된 표기도 제대로 된 표기로 읽게 만들기 때문이다. 따라서 한번 기억한 단어는 철자가 다르게 쓰여 있어도 원래 철자대로 읽게 되는 것이다.

① 이제 막 습득한
② 새롭게 재구성된
③ 쓰임에 따라 재분류된
④ 이미 확고하게 자리 잡은

간편 결제는 지갑에서 플라스틱 카드를 꺼내지 않고도 온·오프라인에서 결제할 수 있는 서비스를 의미한다. 기존의 모바일 결제는 키보드 보안 프로그램 등 여러 프로그램을 설치하고 매번 카드 정보나 개인 정보를 입력해야 해서 복잡했다. (   ) 간편 결제는 이러한 번거로움을 줄이기 위해 복잡한 단계를 없앴다. 카드 정보를 한 번 입력하면 다음번에 사용할 때는 아이디와 비밀번호, SMS 등을 이용해 간단한 인증만으로도 쉽고 간편하게 결제할 수 있다. 이러한 간편 결제 서비스는 한국 시장뿐만 아니라 세계 시장에서 점차 확대될 전망이다.

19. (   )에 들어갈 알맞은 것을 고르십시오.
    ① 또한   ② 그리고   ③ 그러나   ④ 게다가

20. 위 글의 내용과 같은 것을 고르십시오.
    ① 간편 결제 서비스는 한국 시장에서만 확대될 것이다.
    ② 간편 결제는 기존 모바일 결제의 복잡함을 간소화했다.
    ③ 간편 결제는 플라스틱 카드를 통해 결제하는 서비스를 말한다.
    ④ 간편 결제 서비스를 사용할 때마다 카드 정보를 입력해야 한다.

※ **[21－22] 다음을 읽고 물음에 답하십시오. (각 2점)**

운전자가 술을 마신 것을 알면서 차를 운전할 수 있도록 자신의 차를 빌려주거나 음주 운전자가 운전하는 차에 같이 탄 경우 등에는 음주운전 방조죄가 성립된다. 많은 사람들이 음주운전 방조죄는 직접 음주운전을 한 것이 아니어서 가볍게 처벌될 것이라고 잘못 생각할 수가 있다. 술을 마신 것을 알면서 (   ) 벌금형을 선고받는데 상황에 따라 음주 운전자보다 더 큰 처벌을 받을 수 있다. 그러므로 음주운전 방조죄로 처벌받지 않도록 주의해야 하고, 억울하게 음주운전 방조죄로 처벌받게 되면 운전자의 음주운전을 적극적으로 말렸다는 것을 입증할 수 있는 객관적인 증거를 확보해야 한다.

21. (   )에 들어갈 알맞은 것을 고르십시오.
　　① 눈이 높으면　　　　　　② 눈 감아 주면
　　③ 귀를 기울이면　　　　　④ 길눈이 어두우면

22. 위 글의 중심 생각을 고르십시오.
　　① 음주운전 방조죄로 처벌받지 않게 주의해야 한다.
　　② 본인이 음주운전을 하지 않았다는 증거를 확보해야 한다.
　　③ 음주운전 방조죄는 항상 음주 운전자보다 가벼운 처벌을 받아야 한다.
　　④ 술을 마시고 운전을 하는 운전자와 같이 차를 타면 방조죄가 성립된다.

가난한 시골 마을, 작은 책방의 딸이었던 나는 이렇게 태어난 게 억울하다고 해도 과언이 아닐 만큼 못생긴 데다가 또 여드름은 왜 그렇게 많이 났는지…. 얼굴도 부족해 목까지 난 여드름을 감추겠다고 머리를 길러서 나만의 방어막인 양 고개를 푹 숙이고 다녔다. 학교에 가면 남자아이들은 못생겼다고 놀리고 여자아이들은 내 여드름이 징그럽다며 자기들끼리 모여 수군댔다. 학창시절은 매일매일이 지옥이었다.

하지만 나에게도 유일한 아군이 있었으니 그건 책이었다. 어차피 친구도 없었지만 집이 워낙 가난해서 밖에 나가 뭘 할 수 있는 처지가 아니었기에 서점에 틀어박혀 읽는 것만이 내가 누릴 수 있는 유일한 오락이었다. 그러던 어느 날, 책방에 종종 오던 손님이 책방 구석에 박혀 독서에 열을 올리던 나에게 책을 한 권 내밀었다. <u>나는 토끼 눈을 하고 말없이 그 손님을 올려다봤다.</u>

"항상 여기에서 책 읽고 있지? 내 책 사는 김에 네 책도 같이 샀어. 받아."

"네…?"

"새 책 때 안 타게 읽으려면 힘들잖아. 선물이라고 생각하고 마음 편히 받아."

"아 네… 감사합니다."

멀리 다른 지역 소도시에서 시골 면사무소로 발령받아서 온 그 언니도 아는 사람 한 명 없는 타지에서 유일한 친구가 책인 사람이었다. 그렇게 우리는 친구가 됐고 언니가 다른 지역으로 발령받아 전근할 때까지 한참을 책 동무로 함께 했다.

23. 밑줄 친 부분에 나타난 '나'의 심정으로 알맞은 것을 고르십시오.
    ① 답답하다   ② 당황하다   ③ 곤란하다   ④ 갈망하다

24. 위 글의 내용과 같은 것을 고르십시오.
    ① 이 사람은 졸업 후 시골에서 서점을 운영했다.
    ② 이 사람은 학창시절 따돌림으로 괴로운 시간을 보냈다.
    ③ 이 사람은 서점에서 책을 읽는 것으로 사람들과 교류하고자 했다.
    ④ 이 사람에게 책을 준 사람은 지금까지도 서점 근처에서 살고 있다.

※ **[25-27] 다음 신문 기사의 제목을 가장 잘 설명한 것을 고르십시오.**
    (각 2점)

25.
   > 신형 독감 집단 면역을 위한 예방 접종, 천만 명 돌파

    ① 새로운 종류의 독감 확산을 막기 위해 시행한 예방 접종을 천만 명 이상 받았다.
    ② 기존에 유행하던 독감의 재확산을 막고자 천만 명에게 예방 접종을 할 예정이다.
    ③ 독감이 퍼지는 것을 막기 위해 천만 명 이상 수용 가능한 접종 장소가 마련되었다.
    ④ 그동안 연구 대상이 아니었던 종류의 독감을 연구하기 위해 천만 명에게 접종을 했다.

26.
   > 해외에서도 인기 만점, 외국인들 입맛 사로잡은 '김'

    ① '김' 생산량이 대폭 늘어 해외 수출이 급증하였다.
    ② 외국인들 입맛에 맞는 '김'을 수출용으로 만들었다.
    ③ 국외에서도 '김'의 맛이 호평을 받아 관심을 끌고 있다.
    ④ 국내에서는 판매가 저조한 '김'이 해외에서는 인기가 많아졌다.

27.

> 학교에서 너도나도 명품 과시, 기이한 과소비 유행으로 부모 허리는
> 휘청

① 학교에서 명품 구매를 부추기는 교육이 이루어져 부모들의 항의를 받았다.
② 사치품을 과시하는 것이 학교 생활에서 친구를 사귀는 새로운 방법이 되었다.
③ 명품이 없으면 학교 생활을 하는 데 어려움이 있다고 호소하는 학생이 늘었다.
④ 비싼 명품 구매가 학생들 사이에서 유행이 되어 부모들의 경제적 부담이 커졌다.

※ **[28-31] 다음을 읽고 (   )에 들어갈 내용으로 가장 알맞은 것을 고르십시오. (각 2점)**

28.

> 사찰 음식이 재조명을 받고 있다. 절에서만 먹는 음식으로 여겨지던 사찰 음식은 슬로우 푸드, 웰빙 푸드 열풍에 힘입어 건강한 음식의 대명사로 자리매김하고 있다. 또한 단순히 먹는 데서 그치지 않고 신체의 건강뿐 아니라 경건한 자세로 재료를 정성스레 준비하는 요리과정을 통해 (   ) 사찰 음식의 인기는 국내외로 빠르게 퍼지고 있다. 또한 최근들어 채식주의자의 증가와 함께 한식으로 재탄생한 채식이라는 새로운 가능성이 제시하고 있어 사찰 음식의 확산이 기대된다.

① 마음의 안정까지 이루는
② 강박 증세를 완화 시켜주는
③ 요리법을 체계적으로 익힐 수 있는
④ 자신감 회복에 탁월한 효과가 있는

29.

예쁜 사진을 찍으려고 다운로드를 받은 어플리케이션 때문에 개인 정보가 해외로 유출되고 있다는 사실을 알고 있는가? 화장을 하지 않아도, 꾸미지 않아도 사진만 찍으면 몇 번의 클릭으로 화장 효과를 낼 수 있을 뿐만 아니라 배경까지 아름다운 여행지로 바꿔주는 어플리케이션은 젊은층을 중심으로 큰 인기를 끌고 있다. 그러나 이런 해외 어플리케이션이 사용자의 개인 정보를 모두 빼내어 해외로 유출시키는 피해 사례가 속출하고 있다. 가상의 아름다움이 과연 나의 개인 정보보다 더 소중한 것인지 (   ) 것이다.

① 다시금 생각해 봐야 할
② 지인에게 조언을 구해야 할
③ 세심한 분석이 이루어져야 할
④ 여러 업계가 함께 고민해야 할

30.

거울 효과는 마치 거울을 보고 있는 것과 같이 호감이 있는 상대의 행동이나 말을 무의식적으로 따라 하는 행위이다. 그런데 이와 같은 언행의 복제는 서로의 몸짓이나 언어, 동작들을 유사하게 번복함으로써 상호 간의 신뢰감이 형성되어 (   ) 효과가 있다고 한다. 그러므로 관심이 있는 상대와 대화를 할 때는 상대의 말과 행동을 거울처럼 따라 해보는 것이 어떨까? 사랑으로 이어지는 지름길이 될 가능성이 높다.

① 가족처럼 느껴지는
② 호감으로 이어지는
③ 대화가 더 쉽게 연결되는
④ 상대의 마음을 읽을 수 있는

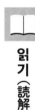

31.

장 건강을 지키기 위해 많이 섭취하는 요거트를 식전에 먹거나 가벼운 야식으로 저녁 식사 후 먹는 사람들이 많다. 그러나 공복에 먹을 경우, 요거트 안의 유산균이 위산의 방해를 받아 온전히 효과를 발휘하지 못할 때가 많다. 또한 저녁 식사 후에 요거트를 먹으면 밤 시간 동안 위장 운동을 촉진시켜 (   ). 늦은 시간에 과식을 하면 더 피곤해지는 것과 유사한 증상이다. 그러므로 가능하면 아침 식사나 점심 식사 후 또는 식사 중에 함께 먹는 것이 가장 바람직하다.

① 소화를 돕는다
② 다이어트 효과가 있다
③ 포만감을 느끼게 한다
④ 피로를 불러올 수 있다

※ **[32~34] 다음을 읽고 내용이 같은 것을 고르십시오. (각 2점)**

32.

장영실은 조선 세종 때 많은 업적을 쌓은 과학자, 기술자이자 천문학자이다. 우리나라 최초의 자동 물시계인 보루각의 자격루를 만들었다. 이후에도 천체 관측 기구, 해시계와 같은 많은 과학적 발명품들을 만들었다. 1441년에는 강수량의 명확한 측정을 위한 기구 제작을 해서 세계 최초의 우량계인 측우기를 발명하기도 했다. 그러나 다음 해, 세종이 온천여행을 갈 때 타고 갈 가마를 장영실이 제작했는데 가마가 부서지는 사고가 생겨서 죄인이 되었고 이후 역사에서 사라졌다.

① 장영실은 자동 해시계인 자격루를 발명했다.
② 장영실은 1441년에 한국 최초의 천체 관측 기구를 만들었다.
③ 장영실은 자기가 타고 갈 가마에 문제가 생겨서 죄인이 되었다.
④ 장영실은 비의 양을 정확하게 측정할 수 있는 기구를 최초로 만든 사람이다.

33.

　　월세란 집을 빌려 쓴 대가로 매달 집주인에게 지불해야 하는 돈을 말한다. 우리나라 주택 제도는 집주인에게 매달 일정한 돈을 지불하는 월세, 집주인에게 2년에 한 번 돈을 지불하고 다시 이사 갈 때 돌려받을 수 있는 전세, 큰돈을 들여서 집을 자기의 소유로 사는 매매로 크게 나뉜다. 입주자의 상황에 따라서 선호하는 주택 제도가 각각 다르지만 보통 월세보다는 전세를 선호하고, 전세보다는 매매를 선호한다. 그러나 한국의 많은 젊은 세대들은 달마다 내는 비용이 많이 들어도 월세를 택한다. 월세와 비교하면 훨씬 높은 전세금이나 매매금을 마련하기 쉽지 않기 때문이다.

① 다른 사람에게서 집을 사는 것을 전세라고 한다.
② 한국 사회에서는 많은 사람들이 보통 월세를 선호한다.
③ 월세는 집주인에게 2년에 한 번만 돈을 지불하면 된다.
④ 젊은 세대들은 매매금이 부담이 되기 때문에 월세를 선택한다.

34.

　　고려 시대의 도자기, 금속 공예를 살펴보면 화려하고 격조가 높다. 특히 도자기가 발달하였는데 그 중의 가장 아름다운 것은 비색 도자기이다. 비색 도자기는 따뜻한 기운이 감돌며 부드러운 곡선에 상감 무늬가 어우러져 고려 최고의 미술품으로 손꼽힌다. 청자 상감 운학무늬 매병, 청자 상감 당초무늬 주전자 등이 대표적인 작품이다. 금속 공예는 은을 입히는 입사라는 독특한 기법으로 제작되었는데 불교와 함께 발달했다.

① 고려 시대의 금속 공예는 화려하며 불교와 관계가 있다.
② 고려 시대의 도자기는 소박하고 무늬가 단순해서 아름답다.
③ 고려 시대의 금속 공예는 금을 입히는 독특한 방식으로 만들어졌다.
④ 고려 시대의 가장 아름다운 도자기를 살펴 보면 차가운 분위기가 느껴진다.

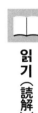

35.

> 지난달 시행된 인구조사에서 인주광역시는 역대 최고 인구 감소율을 기록하며 자치구가 편성된 이래 처음으로 조안광역시보다 인구가 2만 명가량 적어져 제2의 도시라는 이름이 무색해졌다. 한때는 관광지와 해상 무역으로 수도 못지않게 안정된 생활 기반을 구축하였으나 일자리 감소와 젊은 층의 이주로 인구가 급격하게 감소하기 시작하였다. 그러나 이는 비단 인주광역시만의 문제가 아니며 전국적으로 일어나는 현상이다. 수도권 인구 밀집에 따라 지방에서는 사라지는 날만을 앞둔 농어촌이 급격히 증가하고 있으며 지역 불균형의 문제가 그 어느 때보다 크게 대두되고 있다. 장기적으로 보았을 때 지방 소도시의 몰락은 수도권의 몰락으로 이어진다. 이제는 남의 일처럼 방관하지 말고 중앙 정권과 각 지방자치단체가 협력하여 인구 분산에 총력을 기울여야 할 때이다.

① 인주광역시의 인구 감소를 막기 위해 새로운 산업 기반을 조성해야 한다.

② 수도권으로 인구가 몰리는 현상을 막기 위해 모든 자치구가 협력해야 한다.

③ 급격한 인구 감소는 인주광역시의 고유한 문제로 지역 맞춤형 대안이 필요하다.

④ 지방 소도시에서 대도시로 젊은 층이 이주하는 것은 지극히 자연스러운 현상이다.

36.

　　유독 도서관이나 방에서는 너무 조용한 게 오히려 신경이 쓰여 공부나 업무에 집중할 수 없다는 사람들이 있다. 이런 사람들은 카페에 가거나 도서관에 가더라도 다소 소음이 있는 곳에서 집중하기가 더 쉬워지는데 이는 백색소음의 영향을 받기 때문이다. 일반적으로 소음이라 하면 듣기에 거슬리는 소리를 떠올린다. 그러나 백색소음이란 일상생활에서 흔히 들을 수 있는 생활 배경음으로, 듣다 보면 사람에 따라서는 안정감을 느껴 마음과 몸이 편안한 상태가 되는 적당한 소음을 일컫는다. 그렇다고 백색소음을 듣기 위해 꼭 외부에 나가야 하는 것은 아니다. 최근에는 실제 카페에서 들릴 법한 소리를 모아 영상을 제작하여 올린 사이트나, 다양한 백색소음을 선택하여 들을 수 있게 한 어플리케이션 등이 제작되었다. 이러한 매체의 등장으로 백색소음을 들으며 공부하기 위해 꼭 일정한 장소에 가야 한다는 개념이 무마되고 있다.

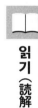

① 집중하기 어려울 때 백색소음을 활용하면 학업 효과가 상승한다.
② 조용한 공간에서 집중하기가 어려운 사람들은 카페를 활용할 수 있다.
③ 다양한 백색소음을 모아서 제공하는 업체는 향후에 발전 가능성이 높을 것이다.
④ 다양한 매체의 등장으로 공부에 집중하기 위해 특정 장소를 고집할 필요가 없어졌다.

읽기 (読解)

37.

해외 유명 대학에서 30년에 거쳐 사회적으로 성공한 사람과 그렇지 못한 사람의 차이점을 연구한 결과, 이 두 집단을 나누는 가장 중요한 요소는 '끈기'인 것으로 나타났다. 해당 교육기관의 연구팀은 30년간 대학교에 재학 중인 학생들에게 런닝머신을 일정 시간 뛰게 하였고 자신의 한계치에서 조금이라도 더 달려보려고 버텼던 학생들이 그렇지 않은 학생들보다 졸업 후 사회적 지위가 높거나 연 소득이 26% 이상 많았다고 한다. 더불어 놀라운 사실은 지능은 성공을 하는 데 중요한 요소이기는 하나 결정적인 요소는 아니었다는 것이다. 흔히 말하는 똑똑한 사람이 아니어도 끝까지 버텨서 해보겠다는 끈기와 인내가 성공의 길을 연 것이다.

① 30년 이상 축적된 학생들의 데이터가 성공을 나누는 핵심 요소이다.
② 끈기와 인내는 성공하는 데 중요한 요소이나 지능을 능가할 만큼은 아니다.
③ 일정 시간 이상 달리는 행위를 반복하면 끈기가 길러져서 성공에 가까워진다.
④ 성공하기 위해서는 하고자 하는 일을 포기하지 않고 버티는 마음가짐이 중요하다.

38.

> 우울증을 극복하는 데 무엇보다 효과적인 방법이 규칙적인 생활 습관이라는 것은 누구나 한 번쯤 들어봤을 것이다. 그러나 이보다 더 빠르게, 그리고 장기적으로 효과를 보는 방법은 하루에 한 번 반드시 외출하는 것이다. 의식적으로 규칙적인 생활을 하려고 자신을 스스로 압박하는 것보다 자연스럽게 밖에 나갈 준비를 하며 씻고, 밥을 먹고, 채비하는 것이 자연스레 일상생활로의 복귀로 이어진다는 이유 때문이다. 우울증을 앓고 있는 다수의 사람들은 무력감을 겪게 되며 이는 식욕 감퇴나, 수면 부족으로 이어지기 때문에 몸을 움직임으로써 무력감에 젖어 들지 않게 된다. 그러나 근본적인 우울감 퇴치에는 운동, 대인 관계 활성화와 같은 구체적인 목표를 세워 부담을 느끼는 것보다 자연스럽게 다음 행동으로 이어지도록 꾸준한 노력을 하는 것이 더욱 효과적이다.

① 우울증을 극복하기 위해서는 세부적인 목표를 세워야 한다.
② 무력감에서 비롯되는 우울증의 극복 방안은 규칙적인 생활이다.
③ 우울증을 개선하는 가장 효율적인 방법은 걷기 운동을 지속하는 것이다.
④ 외출을 통해 자연스럽게 신체 활동을 이어가며 우울감을 감소시킬 수 있다.

읽기 (読解)

※ **[39–41] 다음 글에서 〈보기〉의 문장이 들어가기에 가장 알맞은 곳을 고르십시오. (각 2점)**

39.

주로 경기도와 충청남도에서 재배되는 한국 인삼은 품질이 좋아 해외 수출량이 증가하고 있다. (㉠) 인삼 재배는 씨를 뿌려 약 6년이 지나면 수확하는데 9월에 수확을 하는 것이 가장 알맞다. (㉡) 인삼의 나이는 머리 부분에 남아 있는 해마다 나온 줄기의 흔적으로 알 수 있다. (㉢) 이러한 인삼은 정신 장애, 학습, 기억, 감각 기능의 개선에 효능이 있다. (㉣)

┌─────── 보기 ───────┐
이렇게 해외 수출량이 증가함에 따라 국내 재배 및 생산량도 증가하고 있다.
└─────────────────────┘

① ㉠   ② ㉡   ③ ㉢   ④ ㉣

40.

현대 사회에서는 경제 성장이 추진되면서 자연 개발이 활발하게 진행되고 있다. (㉠) 이러한 상황 속에서 환경 파괴로 인한 다양한 문제점이 나타나고 있다. (㉡) 자연과 공존하면서 풍요로운 삶을 누리려고 하는 '지속 가능한 발전', 즉 환경을 파괴하지 않으면서 자연 개발이 이루어지는 것이 바람직하다는 원칙은 모두가 동의할 수 있다. (㉢) 자연 개발과 환경 보존의 방향을 어떻게 설정하느냐의 문제가 현대인의 어려운 숙제가 될 것이다. (㉣)

┌─────── 보기 ───────┐
하지만 현실에서는 두 가지 방향이 충돌하는 것을 볼 수 있다.
└─────────────────────┘

① ㉠   ② ㉡   ③ ㉢   ④ ㉣

41.

이준호 영화감독의 첫 장편 영화 '전화'가 다음 주 개봉을 앞두고 있다. (㉠) '전화'는 서로 다른 시간대의 인물이 각자 처한 어려운 상황을 바꿔주면서 이야기가 시작된다. (㉡) 이준호 감독은 반전에 반전을 거듭하는 전개와 실험적 기법의 단편 영화들로 2020년 영화계에 신선한 충격을 줬기 때문에 국내외 영화제에서 수상을 휩쓸었다. (㉢) 많은 영화 평론가들은 이번 영화 '전화'도 좋은 평가를 받을 수 있을 거라고 예상한다. (㉣)

─────〈보기〉─────

그래서 이번 영화가 개봉 전부터 국내외 영화계에서 많은 주목을 받고 있다.

① ㉠   ② ㉡   ③ ㉢   ④ ㉣

※ **[42-43] 다음 글을 읽고 물음에 답하십시오. (각 2점)**

멀쩡하게 다니던 회사를 때려치우고 유학길에 오른 것은 서른다섯 살 때이다. 벌이도 나쁘지 않고 꽤 이름이 알려진 회사라 어디든 명함 내놓기도 좋았지만 다니면 다닐수록 내면을 갉아먹는 듯한 공허함을 이로 견딜 수 없었다. 취업이 잘 된다길래 성적에 맞춰 경영학과에 들어갔지만, 지금까지도 나는 그곳에서 뭘 배웠는지 잘 기억이 안 난다. 그래도 거슬러 올라가면 학창시절 입시 공부는 제법 잘했던지라 영어는 그럭저럭 기초실력이 갖춰졌었고 유학 준비하는 데 많은 도움이 됐다.

비교문학을 공부하러 영국으로 떠나겠다고 부모님께 말씀드렸더니 어머니는 앓아누우시고 아버지는 몇 날 며칠이고 입을 다물어버리셨다. "어렸을 때부터 문학책 좋아하는 건 익히 알고 있으니 잠깐 휴가 내고 집에서 온종일 책 읽어라. 며칠 그렇게 쉬면 마음이 바뀔 거다." 나를 어르기도 하시고 제정신이냐고 윽박도 지르시고 오락가락하시는 어머니를 보며 이 나이 먹고 이렇게 불효를 저질러야 하나 고민도 됐지만 이미 정한 마음은 내 맘대로 지울 수가 없었다. 그리고 폭탄선언을 했을 때는 이미 유학 준비가 꽤 진척된 이후였다.

그렇게 나는 결국 부모님의 반대를 무릅쓰고 서른 중반에 영국으로 떠났다. 영어로 보는 모든 시험 점수야 출중했지만, 영어권에서 단 한 번도 살아본 적이 없는 나는 기본적인 의사소통도 버거웠다. 이해는 다 하는데 입이 떨어지지 않았다. 그래도 어찌어찌 수업은 들었지만 발표하는 날이 돌아오거나 토론을 해야 하는 수업이 있으면 전날부터 잠이 오지 않았다.

어느 날, 강의 중 교수가 나에게 질문을 했고 그날따라 영어가 잘 들리지 않던 나는 이해도 할 수 없거니와 뭐라 말해야 할지 대답도 떠오르지 않아 호명되었음에도 고개를 숙이고 있었다. <u>머릿속이 하얘진 나는 초점 잃은 눈도 눈이지만 손이 떨려 펜을 들고 있을 수조차 없었다.</u> 교수는 그게 자신의 수업을 듣는 태도냐며 화를 냈고, 나는 그날 집에 가서 아침이 될 때까지 울었다. 두 번 다시 이런 치욕은 경험하지 않으리라 마음에 깊이 새겨넣었다. 그리고 이후 졸업할 때까지 이날을 기억하며 버티고 또 버텼다.

42. 밑줄 친 부분에 나타난 '나'의 심정으로 알맞은 것을 고르십시오.

① 아쉽다   ② 속상하다   ③ 당황하다   ④ 홀가분하다

43. 위 글의 내용과 같은 것을 고르십시오.

① 이 사람은 서른다섯 살이 될 때까지 경영학이 적성에 맞다고 생각했다.

② 학창시절부터 영어공부는 열심히 해왔지만 현지에서의 대화는 쉽지 않았다.

③ 부모님께 미리 말씀드리지 않고 영국 유학을 준비하여 경제적 지원이 끊겼다.

④ 강의에서 영어를 사용하는 것에 익숙해지지 않아 도중에 유학을 중단하고 돌아왔다.

읽기（読解）

단청장이란 단청을 하는 장인을 일컫는 말로 화사, 화공 등의 이름으로 불리기도 한다. 사찰이나 고궁에 가면 볼 수 있는 오방색의 아름다운 그림과 무늬를 만들어내는 사람들이 바로 이들이다.

단청은 온도 변화나, 습도, 강수량의 영향으로 쉽게 변형되는 목재 건물의 (   ) 천연 재료로 칠을 한 것이 유래이다. 그러나 시간이 지나면서 요즘에는 건물의 보존을 위해 단순히 칠을 하는 것이 아니라 갖가지 안료를 사용하여 채색을 하게 되었으며 가칠, 타분, 시채 등의 공정을 거쳐 화려하고 아름다운 문양과 그림을 건물에 입힌다. 단청의 기본적인 틀은 예나 지금이나 큰 차이가 없으나 옛날에는 중국에서 들여온 값비싼 안료를 사용하였다면 최근에는 20여 가지의 화학 안료를 사용하는 변화도 나타났다.

하지만 시대가 아무리 바뀌어도 변할 수 없는 것이 있으니, 그것은 단청을 하는 장인들의 손이다. 1970년대 초, 처음으로 나라에서 지정한 단청장이 나온 이후 꾸준히 그 길을 이어가는 장인들이 전통을 지키고 있으나 매년 단청장 보유자는 감소하고 있으며 전승에 어려움을 겪고 있다. 이에 전통문화보존 재단에서는 단청장을 알리고 단청을 실제로 경험해볼 수 있는 문화 이벤트를 개최할 예정이며 젊은이들의 관심을 끌기 위해 SNS에서도 활발한 홍보 활동을 시행하고자 한다. 국가 차원의 단청장 홍보는 매우 고무적인 일이며 지속 가능한 홍보 전략을 마련하여 아름다운 전통문화 계승이 이어져야 할 것이다.

44. 위 글을 쓴 주제로 알맞은 것을 고르십시오.
   ① 최근 단청장의 권위 실추에 대해 적극적인 대응이 시급하다.
   ② 기후 변화에 따른 전통 목제 건물 보존과 유지에 힘을 써야 한다.
   ③ 국가 차원의 단청 홍보를 꾸준히 이어가 전통문화가 전승되도록 해야 한다.
   ④ 시대의 흐름에 맞는 단청 방법에 관한 연구가 단청장을 중심으로 이루어져야 한다.

45. (　　　)에 들어갈 내용으로 가장 알맞은 것을 고르십시오.

① 속성을 바탕으로

② 단점을 보완하고자

③ 이점을 강화하기 위해

④ 특성을 적극 활용하여

모바일 앱 시장 분석 서비스로 만 20세 이상 한국인 스마트폰 이용자를 조사한 결과, 중고거래 플랫폼 이용자 수는 전년 대비 2배 이상 늘었다. (㉠) 이렇게 인기를 끌고 있는 중고거래 플랫폼은 시장의 역할뿐만 아니라 따뜻한 커뮤니티의 역할도 맡게 되었다. (㉡) 먼저 가까운 곳에서 중고거래를 하는 사람들과 서로 동네 정보를 공유할 수 있는 기능을 도입했다. (㉢) 그리고 자신에게 불필요한 물건을 플랫폼을 통해 이웃들에게 무료로 나누기도 한다. (㉣) 이제는 중고거래 플랫폼이 현대 사회의 '사랑방'으로 확대되어 자리 잡고 있다.

46. 위 글에서 〈보기〉의 글이 들어가기에 가장 알맞은 곳을 고르십시오.

보기

이러한 결과는 최근 한국 사회에서 중고거래 플랫폼이 큰 성장을 보임을 알 수 있다.

① ㉠   ② ㉡   ③ ㉢   ④ ㉣

47. 위 글의 내용과 같은 것을 고르십시오.
① 중고거래 플랫폼에서는 무료로 물건을 나눠줄 수 없다.
② 최근의 중고거래 플랫폼에는 물건을 사고파는 기능만 있다.
③ 중고거래 플랫폼 이용자 수는 전년보다 2배 이상 감소했다.
④ 중고거래 플랫폼의 기능이 확대되면서 역할과 의미도 함께 확대되었다.

　　타인의 동의를 구하지 않고 과한 집착을 보이거나 사생활을 침범해서까지 접촉을 시도하려 하는 행위를 '스토킹'이라 한다. 최근 몇 년간 연이어 발생한 스토킹 범죄가 언론에 보도된 이후 대책이 시급하다는 여론이 기하급수적으로 확대되었으며 지난 21일 스토킹범죄처벌법이 법안을 통과하였다.

　　그간 스토킹 행위에 대한 구체적인 법안이 없어 (　　　) 경고 조치로 훈방되거나 집행 유예와 같이 상대적으로 가벼운 형을 받은 가해자들이 일의 심각성을 인지하지 못하고 다시 범죄를 저지르는 경우가 다수 보고되었다. 따라서 해당 법안에서는 스토킹 행위를 범죄로 명확히 규정하였고, 이를 어기는 행위로 간주될 경우 6년 이하의 징역 또는 6천만원 이하의 벌금을 물릴 예정이다.

　　그뿐만 아니라 스토킹 범죄의 피해자 보호와 재발 방지를 위한 시스템 도입에도 박차를 가하고 있으며 이는 매우 고무적으로 여겨진다. 스토킹 범죄 피해자는 국가 지정 심리지원센터에서 장기간의 심리 상담을 받을 수 있고 엄격한 관리하에 익명성을 보장받을 수 있다. 이와 더불어 여러 기관의 치밀한 연계를 통해 부가적인 안전 조치를 희망할 경우 담당 보호관을 지정하여 안심 귀가 서비스, 피해 신고 직통 번호, 담당 자치구의 순찰 강화 등을 신청할 수 있다. 범죄의 특성상 심리적인 고통을 호소하는 피해자가 많은 것을 간과하지 않고 신속하고 정확한 대응을 이뤄야 초범, 재범 발생률을 낮출 수 있을 것이다. 무엇보다 이번 법안 통과를 기점으로 점진적으로 사회 전반에 스토킹이 심각한 범죄라는 인식을 심을 수 있도록 힘을 모아야 할 것이다.

48. 위 글을 쓴 목적으로 알맞은 것을 고르십시오.

① 스토킹에 대한 사회 전반의 인식 전환을 주장하기 위해서

② 스토킹 범죄 피해자의 안전 대책 마련을 촉구하기 위해서

③ 현대 사회에서 급증하는 스토킹 범죄에 대한 원인을 분석하기 위해서

④ 스토킹 범죄 가해자의 처벌을 강화하기 위한 제도를 마련하기 위해서

49. ( )에 들어갈 내용으로 가장 알맞은 것을 고르십시오.

① 치안 유지를 위해

② 처벌받아 마땅하나

③ 각 기관이 협력하여

④ 무죄 선고를 받기 위해

50. 밑줄 친 부분에 나타난 필자의 태도로 알맞은 것을 고르십시오.

① 스토킹 재발 방지를 위한 장치 마련이 미흡했던 정부 기관을 비판한다.

② 새로이 시행되는 스토킹 범죄 재발 방지 시스템의 한계점이 부각되어 염려된다.

③ 스토킹 범죄 재발 시스템과 피해자 보고 장치 마련에 투자가 다소 과하다.

④ 스토킹 범죄의 반복을 막고 피해자를 보호하려는 움직임을 긍정적으로 평가한다.

第　　回　模擬試験　解答用紙

Date: _____

Name: _____

番号	解答欄		番号	解答欄		番号	解答欄
1	①②③④		21	①②③④		41	①②③④
2	①②③④		22	①②③④		42	①②③④
3	①②③④		23	①②③④		43	①②③④
4	①②③④		24	①②③④		44	①②③④
5	①②③④		25	①②③④		45	①②③④
6	①②③④		26	①②③④		46	①②③④
7	①②③④		27	①②③④		47	①②③④
8	①②③④		28	①②③④		48	①②③④
9	①②③④		29	①②③④		49	①②③④
10	①②③④		30	①②③④		50	①②③④
11	①②③④		31	①②③④			
12	①②③④		32	①②③④			
13	①②③④		33	①②③④			
14	①②③④		34	①②③④			
15	①②③④		35	①②③④			
16	①②③④		36	①②③④			
17	①②③④		37	①②③④			
18	①②③④		38	①②③④			
19	①②③④		39	①②③④			
20	①②③④		40	①②③④			

／100

第　　回　模擬試験　解答用紙

Date: _____

Name: _____

番号	解答欄
1	① ② ③ ④
2	① ② ③ ④
3	① ② ③ ④
4	① ② ③ ④
5	① ② ③ ④
6	① ② ③ ④
7	① ② ③ ④
8	① ② ③ ④
9	① ② ③ ④
10	① ② ③ ④
11	① ② ③ ④
12	① ② ③ ④
13	① ② ③ ④
14	① ② ③ ④
15	① ② ③ ④
16	① ② ③ ④
17	① ② ③ ④
18	① ② ③ ④
19	① ② ③ ④
20	① ② ③ ④

番号	解答欄
21	① ② ③ ④
22	① ② ③ ④
23	① ② ③ ④
24	① ② ③ ④
25	① ② ③ ④
26	① ② ③ ④
27	① ② ③ ④
28	① ② ③ ④
29	① ② ③ ④
30	① ② ③ ④
31	① ② ③ ④
32	① ② ③ ④
33	① ② ③ ④
34	① ② ③ ④
35	① ② ③ ④
36	① ② ③ ④
37	① ② ③ ④
38	① ② ③ ④
39	① ② ③ ④
40	① ② ③ ④

番号	解答欄
41	① ② ③ ④
42	① ② ③ ④
43	① ② ③ ④
44	① ② ③ ④
45	① ② ③ ④
46	① ② ③ ④
47	① ② ③ ④
48	① ② ③ ④
49	① ② ③ ④
50	① ② ③ ④

／100

第　　回　模擬試験　解答用紙

Date: _____

Name: _____

番号	解答欄		番号	解答欄		番号	解答欄
1	①②③④		21	①②③④		41	①②③④
2	①②③④		22	①②③④		42	①②③④
3	①②③④		23	①②③④		43	①②③④
4	①②③④		24	①②③④		44	①②③④
5	①②③④		25	①②③④		45	①②③④
6	①②③④		26	①②③④		46	①②③④
7	①②③④		27	①②③④		47	①②③④
8	①②③④		28	①②③④		48	①②③④
9	①②③④		29	①②③④		49	①②③④
10	①②③④		30	①②③④		50	①②③④
11	①②③④		31	①②③④			
12	①②③④		32	①②③④			
13	①②③④		33	①②③④			
14	①②③④		34	①②③④			
15	①②③④		35	①②③④			
16	①②③④		36	①②③④			
17	①②③④		37	①②③④			
18	①②③④		38	①②③④			
19	①②③④		39	①②③④			
20	①②③④		40	①②③④			

／100